*LEE CRUTCHLEY*

# DIESES BUCH MACHT NICHT GLÜCKLICH, ABER WENIGER TRAURIG

~~ES IST ALLES NUR IN DEINEM KOPF~~

~~NUR MUT!~~

~~DENK POSITIV~~

~~REISS DICH ZUSAMMEN~~

~~KOPF HOCH!~~

~~WAS IST DAS PROBLEM?~~

LEE CRUTCHLEY

# DIESES BUCH MACHT NICHT GLÜCKLICH, ABER WENIGER TRAURIG

ZUM AUFSCHREIBEN,
MALEN, ERINNERN UND ENTDECKEN

AUS DEM ENGLISCHEN
VON SIBYLLE MEYER

KÖSEL

DER VERLAG WEIST AUSDRÜCKLICH DARAUF HIN, DASS IM TEXT ENTHALTENE EXTERNE LINKS VOM VERLAG NUR BIS ZUM ZEITPUNKT DER BUCHVERÖFFENTLICHUNG EINGESEHEN WERDEN KONNTEN. AUF SPÄTERE VERÄNDERUNGEN HAT DER VERLAG KEINERLEI EINFLUSS. EINE HAFTUNG DES VERLAGS IST DAHER AUSGESCHLOSSEN.

MIX
Papier aus verantwortungsvollen Quellen
FSC
www.fsc.org
FSC® C083411

VERLAGSGRUPPE RANDOM HOUSE FSC® N001967



*UMSCHLAG:* WEISS WERKSTATT MÜNCHEN
*UMSCHLAGMOTIV:* SHUTTERSTOCK / ELENA KALISTRATOVA
*HERSTELLUNG UND SATZ UNTER VERWENDUNG DER DIGITALISIERTEN HANDSCHRIFT UND ORIGINAL-ILLUSTRATIONEN DES AUTORS:* RENÉ FINK, MÜNCHEN
*DRUCK UND BINDUNG:* CPI BOOKS GMBH, LECK
PRINTED IN GERMANY
ISBN 978-3-466-34631-8



**WEITERE INFORMATIONEN ZU DIESEM BUCH UND UNSEREM GESAMTEN LIEFERBAREN PROGRAMM FINDEN SIE UNTER *WWW.KOESEL.DE***

FÜR *Indi May*

EIN BESTÄNDIG HELLES LICHT
IN EINER MANCHMAL DUNKLEN WELT

ICH HOFFE, DU WIRST DIESES BUCH NIE BRAUCHEN

# VORWORT

Das Problem an vielen Ratschlägen zum Glücklichsein ist schlicht, dass sie Quatsch sind: purer, gefährlicher Blödsinn. Hier nur ein paar Beispiele: Wenn Sie so sind wie die meisten Menschen, werden Sie Ihre Träume nicht dadurch verwirklichen wollen, dass Sie »positiv denken«, nach dem Sinn Ihres Lebens suchen oder jeden Morgen »Ich bin ein Gewinner« zu Ihrem Spiegelbild sagen. Ein weiteres Problem von Glücksratschlägen ist, dass das, was an ihnen wirklich funktioniert, nicht so aussieht. Entweder kommen sie in verschwurbelter Eso-Sprache daher, oder sie stammen von einem zwielichtigen Guru, dem Sie nicht mal das Füttern Ihrer Katze im Urlaub anvertrauen würden. Dazu kommt: Strengt man sich zu sehr an, glücklich zu sein, macht einen das garantiert unglücklich. So kann noch der beste Rat nach hinten losgehen. Niemand würde es Ihnen verdenken, wenn Sie unter diesen Umständen einfach die Flinte ins Korn werfen. Aber das sollten Sie nicht tun.

Stattdessen könnten Sie einen Stift zur Hand nehmen und anfangen, die Lücken in diesem Buch auszufüllen und die Fragen zu beantworten. Denn zum einen ist Lee Crutchley kein Selbsthilfe-Guru mit beunruhigendem Dauerlächeln; er wird Sie nicht dazu anhalten, Ihr Vertrauen ins Universum zu setzen oder das Wort »unmöglich« aus Ihrem Vokabular zu streichen. Zum anderen beruht die unterhaltsame und praxisorientierte Herangehensweise seines Buches auf moderner psychologischer Forschung ebenso wie auf altbewährten philosophischen Erkenntnissen. Hören Sie auf, Dinge unter Kontrolle bekommen zu wollen, die man nicht ändern kann. Und statt sich einzureden, das alles schon irgendwie gut gehen wird, fragen Sie sich doch einfach mal, was als Schlimmstes passieren könnte, wenn eben nicht alles gutgeht. Je verbissener Sie versuchen, jegliches Leid zu vermeiden, umso mehr werden Sie wirklich leiden. Perfektion ist nicht erreichbar – und wenn, dann wären Sie wohl ein ziemlich langweiliger Zeitgenosse.

Das Beste ist, dass es in diesem Buch überhaupt nicht um Glücksratschläge geht. Stattdessen handelt es sich um ein Werkzeug, mit dem Sie die Tiefe Ihres Geistes ergründen und Ihre eigene Weisheit entdecken können. Sie ist ganz tief in Ihrem Inneren nämlich schon da, gerät aber im täglichen Wirbel von Arbeit, Familie, Pendeln, und Im-Netz-Herumdaddeln allzu leicht ins Abseits.

Immer wieder haben Psychologen gezeigt, dass das Aufschreiben von Dingen fundamentale Veränderungen in uns bewirken kann. (Es gibt sogar seriöse Hinweise darauf, dass körperliche Verletzungen schneller heilen, wenn man Tagebuch schreibt.) Die kleinsten Justierungen an unserer Wahrnehmung der Welt – durch langsameres Atmen, Barfußlaufen oder regelmäßige Internet-Abstinenz für nur einen Tag – können zu den größten Veränderungen führen.

Tauchen Sie also ein in dieses Buch! Was wäre das Schlimmste, was dabei passieren könnte? (Es sei denn, Sie fahren gerade Auto oder gehen einer anderen Beschäftigung nach, die Ihre volle Aufmerksamkeit erfordert...) Es steckt eine Menge Weisheit in diesen Seiten – und sie wird noch größer sein, wenn Sie mit diesem Buch fertig sind.

**OLIVER BURKEMAN, THE GUARDIAN,**

**AUTOR VON *THE ANTIDOTE***

»GLÜCKLICH« IST

# EIN STARKES WORT

JOHN LUTHER

# GLÜCKLICH

[gly:klɪç]

*ADJEKTIV*

VOM GLÜCK BEGÜNSTIGT, ERFOLGREICH

VORTEILHAFT, GÜNSTIG

VON FROHER ZUFRIEDENHEIT, FREUDE, GLÜCK

# HALLO,

ich nehme an, Sie lesen dieses Buch, weil Sie traurig sind, aber glücklich sein möchten. Wahrscheinlich hoffen Sie, es weist Ihnen den Weg zu einem glücklichen und erfüllten Leben. Vielleicht hoffen Sie sogar, dass ich eine Art »Geheimnis« kenne. Aber leider ist dem nicht so.

Dieses Buch kann Sie nicht heilen und auch nicht glücklich machen. Es gibt da draußen jede Menge »Ratgeber«, die beides versprechen. Und es gibt noch mehr, die versprechen, Ihr Leben zu ändern. Wie viele davon haben Sie schon gelesen? Und wie viele haben funktioniert? Meiner Erfahrung nach sind die Bücher, die solche Versprechungen machen, diejenigen, die Ihr Leben am wenigsten ändern werden.

Ich sollte hier anmerken, dass ich weder Arzt bin noch irgendwelche Qualifikationen auf dem Gebiet von psychischen Krankheiten habe. Ich bin nur ein Typ, der manchmal traurig wird, und das letzte Jahr war besonders schlimm. Ich gehe nicht ins Detail, aber Sie können sich sicher vorstellen, was für eine Art von Traurigkeit ich meine. Es war eine große Traurigkeit, gefolgt von Leere, Taubheit und dem überwältigenden Gefühl, alles sei verloren und hoffnungslos.

In dieser Zeit habe ich viel nachgedacht, und es ist mir gelungen, zumindest einen der Gründe für meine Traurigkeit zu finden. Es klingt vielleicht komisch, aber mir wurde klar, dass es jedenfalls teilweise daran lag, dass ich zu sehr versuchte, glücklich zu sein. Je mehr ich es probierte, desto schwerer wurde es, und je schwerer es wurde, umso schlechter fühlte ich mich.

Ich weiß nicht mehr genau, wie und wann es geschah, aber eines Tages beschloss ich, damit aufzuhören, glücklich sein zu wollen. Es klappte nun mal nicht. Stattdessen wollte ich versuchen, einfach etwas weniger unglücklich zu sein, was viel eher machbar erschien. Der Arbeitstitel dieses Buches lautete deswegen auch: »Haben Sie versucht, weniger unglücklich zu sein?« Auch wenn das als Titel nicht griffig rüberkommt, glaube ich immer noch, dass es eine der wichtigsten Fragen ist, die Sie sich stellen können, wenn Sie sich in einer Abwärtsspirale befinden.

Im Laufe des vergangenen Jahres habe ich viel über die Funktionen des Gehirns und des Körpers recherchiert und mich mit den unterschiedlichen philosophischen und spirituellen Herangehensweisen an Glück und Traurigkeit beschäftigt. Außerdem habe ich darüber gelesen, wie andere Depressive sich fühlen – und wie es ihnen gelang, sich langsam aus der Depression zu befreien. Währenddessen probierte ich viele kleine Übungen aus, von denen ich mir Besserung erhoffte, und tatsächlich bin ich nun glücklicher. Sollte es also irgendein Geheimnis geben, dann das, dass weniger unglücklich zu sein das Gleiche ist, wie glücklicher zu sein.

Dieses Buch ist voller Übungen, die ich selbst ausprobiert habe. Sie alle basieren – manchmal auf etwas abstraktere Weise – auf meinen Recherchen, Erfahrungen und wissenschaftlichen Erkenntnissen. Viele davon haben bei mir funktioniert, manche aber auch nicht. Sicher wird es Ihnen ähnlich gehen. Das liegt daran, dass es keine allgemeingültigen Lösungen fürs Weniger-traurig-Sein gibt, die bei jedem gleich gut passen. Sie müssen selbst herausfinden, was für Sie stimmig ist. Noch wichtiger ist es, sich dann an die Übungen zu erinnern, wenn man sie tatsächlich braucht. Das ist manchmal schwieriger, als es zunächst klingt.

Einige Aufgaben in diesem Buch werden Ihnen möglicherweise etwas unbequem sein, aber wenn Sie sich näher damit beschäftigen, werden Sie erkennen, dass sie hilfreich sind. Hier schon mal eine Übung zu genau diesem Thema, die Sie ausprobieren können: Biegen Sie Ihre Finger so weit zurück, dass es anfängt, unangenehm zu werden, und halten Sie sie eine Weile in dieser Position. Ihr erster Instinkt wird sein, aufzuhören, weil es sich nicht gut anfühlt. Wenn Sie die Position aber halten, merken Sie schnell, dass es gar nicht so schlimm ist, wie Sie zuerst dachten. Das unangenehme Gefühl lässt nach, und Ihre Finger werden warm. Wenn Sie schließlich loslassen, werden Sie sich vermutlich sogar etwas besser fühlen als vorher. Erinnern Sie sich an diese Empfindung, wenn Sie mit dem Buch arbeiten und es mal unangenehm zu werden scheint – und machen Sie einfach weiter.

Um sich weniger traurig zu fühlen, ist es wichtig, sich ein bisschen anzustrengen und Dinge auszuprobieren. Das ist nicht immer ein Vergnügen, und in manchen Phasen kann es sogar sehr schwierig sein, wie ich aus eigener Erfahrung weiß. Es wird Tage geben, an denen Sie nicht aus dem Haus oder mit irgendwem sprechen oder auch nur aufstehen wollen. Aber dieses Buch kann Ihnen sogar an solchen Tagen helfen. Es kann Trost spenden, wenn Sie gerade in Traurigkeit versinken, es gibt Ihnen einen kleinen Anstoß, wenn Sie sich »so lala« fühlen, und Ermutigung an den Tagen, wenn Sie richtig gut drauf sind. Das Einzige, was Sie sich selbst versprechen müssen, ist, immer wieder einen neuen Versuch zu starten.

Auch wenn ich keine Glücksgeheimnisse kenne, verspreche ich Ihnen also, dass dieses Buch Ihnen helfen kann, weniger traurig zu sein.

Lee

# O.K., FANGEN WIR MIT EIN PAAR FRAGEN AN ...

WIE FÜHLEN SIE SICH?

WELCHE DREI DINGE MÖGEN SIE SEHR?

WELCHE FARBE HAT IHRE STIMMUNG?

WIE IST DAS WETTER?

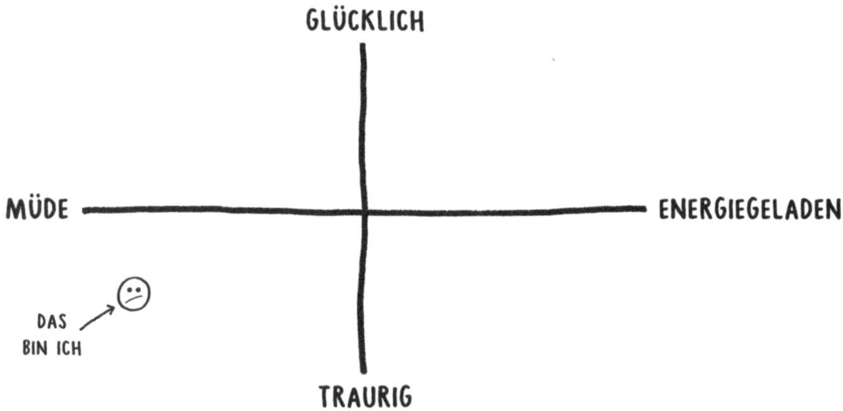


WO BEFINDEN SIE SICH IN DIESEM KOORDINATENSYSTEM?

WOHIN WOLLEN SIE?

WIE IST IHR LEBEN GERADE?

WAS IST IHNEN AM WICHTIGSTEN?

WIE VOLL IST
IHR KOPF?

WIE VOLL IST
IHR HERZ?

WANN WAREN SIE DAS LETZTE MAL GLÜCKLICH?

BEWERTEN SIE DIE FOLGENDEN ASPEKTE IHRES LEBENS. FÜGEN SIE EINEN PFEIL HINZU, UM DIE TENDENZ »SCHLECHTER« ODER »BESSER« ANZUZEIGEN.

BEISPIEL: (6) ←

| | | | | | | | | | | |
|---|---|---|---|---|---|---|---|---|---|---|
| GESAMTVERFASSUNG: | 1 | 2 | 3 | 4 | 5 | 6 | 7 | 8 | 9 | 10 |
| FAMILIE: | 1 | 2 | 3 | 4 | 5 | 6 | 7 | 8 | 9 | 10 |
| FREUNDE: | 1 | 2 | 3 | 4 | 5 | 6 | 7 | 8 | 9 | 10 |
| SOZIALLEBEN: | 1 | 2 | 3 | 4 | 5 | 6 | 7 | 8 | 9 | 10 |
| BEZIEHUNG: | 1 | 2 | 3 | 4 | 5 | 6 | 7 | 8 | 9 | 10 |
| FREIZEITVERGNÜGUNGEN: | 1 | 2 | 3 | 4 | 5 | 6 | 7 | 8 | 9 | 10 |
| ARBEIT: | 1 | 2 | 3 | 4 | 5 | 6 | 7 | 8 | 9 | 10 |
| GELD: | 1 | 2 | 3 | 4 | 5 | 6 | 7 | 8 | 9 | 10 |
| GESUNDE ERNÄHRUNG: | 1 | 2 | 3 | 4 | 5 | 6 | 7 | 8 | 9 | 10 |
| WASSER TRINKEN: | 1 | 2 | 3 | 4 | 5 | 6 | 7 | 8 | 9 | 10 |
| RAUSGEHEN: | 1 | 2 | 3 | 4 | 5 | 6 | 7 | 8 | 9 | 10 |
| SPORT: | 1 | 2 | 3 | 4 | 5 | 6 | 7 | 8 | 9 | 10 |
| GESUNDHEIT: | 1 | 2 | 3 | 4 | 5 | 6 | 7 | 8 | 9 | 10 |
| KREATIVITÄT: | 1 | 2 | 3 | 4 | 5 | 6 | 7 | 8 | 9 | 10 |
| LEBENSZWECK: | 1 | 2 | 3 | 4 | 5 | 6 | 7 | 8 | 9 | 10 |
| DIE VERGANGENHEIT: | 1 | 2 | 3 | 4 | 5 | 6 | 7 | 8 | 9 | 10 |
| DIE GEGENWART: | 1 | 2 | 3 | 4 | 5 | 6 | 7 | 8 | 9 | 10 |
| DIE ZUKUNFT: | 1 | 2 | 3 | 4 | 5 | 6 | 7 | 8 | 9 | 10 |

ZÄHLEN SIE DINGE AUF, DIE SIE JEDEN TAG TUN
UND DIE IHNEN KEINE FREUDE MACHEN

STREICHEN SIE ALLES DURCH,
WAS NICHT UNBEDINGT NÖTIG IST

ZÄHLEN SIE DINGE AUF, DIE SIE JEDEN TAG TUN
UND DIE IHNEN FREUDE MACHEN

KREISEN SIE ALLES EIN,
WAS NICHT UNBEDINGT NÖTIG IST

DENKEN SIE AN ZEHN DINGE IN IHREM LEBEN, FÜR DIE SIE DANKBAR SIND.
ES KÖNNEN LEUTE, ORTE ODER PIZZA SEIN.
SCHREIBEN SIE AUF JEDEN FINGER DER BEIDEN HÄNDE EINS.

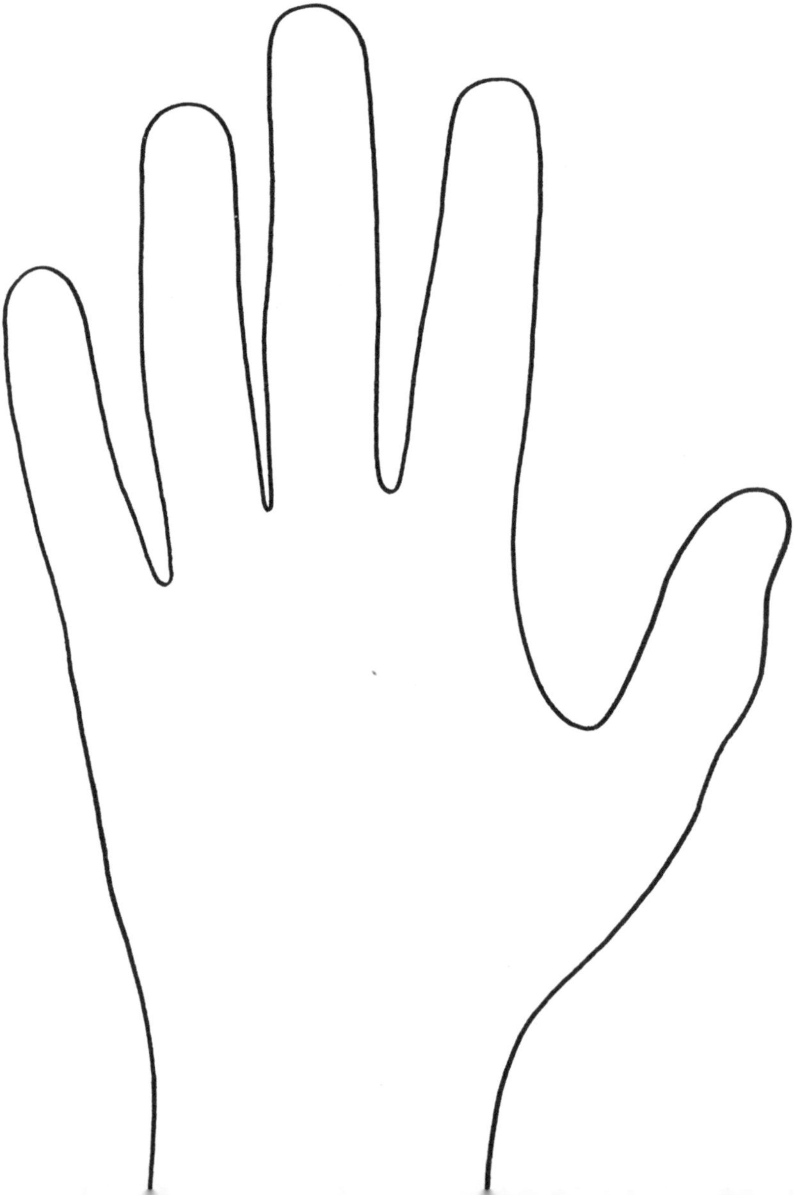

WENN SIE SICH SCHLECHT FÜHLEN, ERINNERN SIE SICH DARAN, DASS DIESE DINGE IMMER IN IHRER REICHWEITE SIND. ZÄHLEN SIE AB, UND DANN SUCHEN SIE SICH EINS AUS.

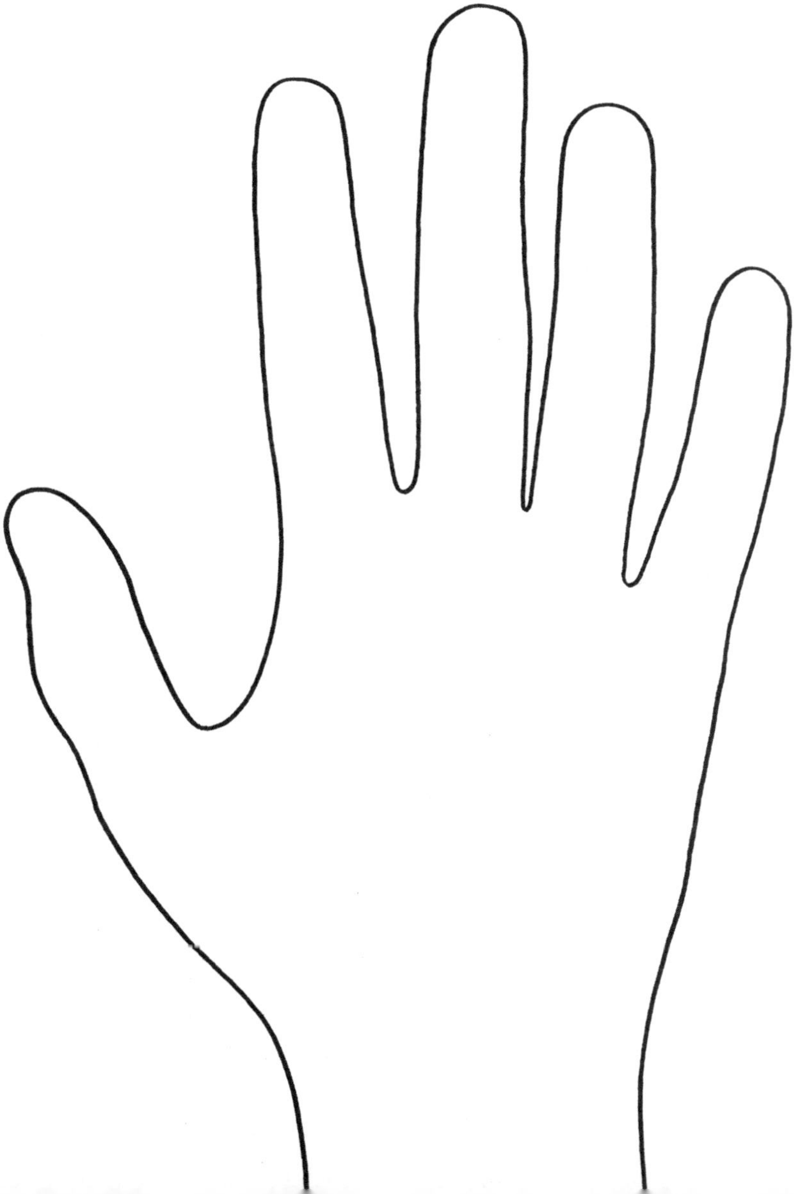

SCHREIBEN SIE ALLES, WAS SCHLECHT IST, IN DIESEN KASTEN

SCHREIBEN SIE ALLES, WAS GUT IST,
IN DIESEN KASTEN

# DER BESTE TRAUM, AN DEN SIE SICH ERINNERN KÖNNEN

# DER SCHLIMMSTE ALBTRAUM

IST IHNEN NACH WEINEN ZUMUTE?

☐ JA. – DAS IST O.K. WEINEN SIE RUHIG EIN BISSCHEN.

☐ NEIN. – WIRKLICH? COOL!
ABER VIELLEICHT MÖCHTEN SIE TROTZDEM
EIN BISSCHEN WEINEN?

AUF DER NÄCHSTEN SEITE STEHT EINE LISTE MIT ORTEN, AN DENEN MAN GUT WEINEN KANN. FÜGEN SIE NOCH EIGENE HINZU, WENN SIE MÖGEN.

ORTE AN DENEN MAN GUT WEINEN KANN

| ORTE AN DENEN MAN GUT WEINEN KANN |
| --- |
| |
| IM REGEN (VERSUCHEN SIE, DABEI ZU LÄCHELN) |
| BETT |
| DUSCHE |
| SCHWIMMBAD (UNTER WASSER) |
| |
| |
| |
| |

Unser Gehirn ist besser (manche sagen: schneller) darin, negative Informationen zu verarbeiten als positive. Dies war in der Vergangenheit sehr nützlich fürs Überleben, aber heute ist es nicht mehr so hilfreich, wenn nämlich unsere Gedanken unserem Hirn weismachen wollen, wir seien wertlose Idioten. Es neigt dazu, dies zu glauben.
Eine gute Methode, dem entgegenzuwirken, ist, das Positive an jedem Tag wahrzunehmen. Wiederholung hilft, unser Gehirn neu zu »verdrahten«, sodass wir diese positiven Dinge immer einfacher und müheloser erkennen. Man nennt das »Neuroplastizität«.
Wenn Sie jeden Tag ein paar positive Ereignisse aufschreiben, egal, wie klein oder unbedeutend, macht das einen großen Unterschied!

IHR GEHIRN IST DAZU DA, SIE AM LEBEN ZU ERHALTEN. ES IST IHM SCH...EGAL, OB SIE GLÜCKLICH SIND.

# DAS 30-TAGE-PROGRAMM

## FÜHREN SIE REGELMÄSSIG TAGEBUCH

SCHREIBEN SIE MEHR ÜBER STIMMUNGEN UND GEDANKEN ALS ÜBER EREIGNISSE.
KEHREN SIE ZU DIESER SEITE ZURÜCK UND ZEICHNEN SIE IHRE STIMMUNG.
WIRD SIE BESSER, SCHLECHTER ODER WECHSELT SIE?

## GEHEN SIE EINMAL AM TAG RAUS

VERBRINGEN SIE MINDESTENS 10 MINUTEN IM FREIEN.
ZEICHNEN SIE EIN SYMBOL FÜR DAS WETTER AN JEDEM TAG.
BEEINFLUSST DAS WETTER IHRE STIMMUNG?

SCHREIBEN SIE DIE NEGATIVEN GEDANKEN AUF, DIE SIE AM HÄUFIGSTEN HABEN

*ICH HASSE ES, ALLEIN ZU SEIN*

GEBEN SIE IHNEN EINE POSITIVERE WENDUNG

ICH LERNE GERN NEUE LEUTE KENNEN

ATMEN IST WIRKLICH EINFACH, ABER MAN VERGISST SCHNELL, WIE MAN ES RICHTIG MACHT.

VIELE VON UNS ATMEN UNBEWUSST KURZ UND FLACH UND NICHT DURCH NASE *UND* MUND.

RICHTIG ZU ATMEN BEDEUTET, LANGSAM DURCH DIE NASE EIN- UND DEN MUND AUSZUATMEN. DABEI ETWAS LÄNGER AUS- ALS EINZUATMEN. EIN TRICK: BEIM EINATMEN BIS DREI ZÄHLEN, BEIM AUSATMEN BIS FÜNF.

RICHTIG ATMEN IST EINE DER BESTEN METHODEN, SICH SELBST ZU BERUHIGEN UND RUNTERZUDREHEN. VERSUCHEN SIE ES, WENN SIE DAS NÄCHSTE MAL UNRUHIG ODER ÄNGSTLICH SIND.

DAS BESTE DARAN: SIE KÖNNEN DIESE METHODE ÜBERALL ANWENDEN!

# WIE MAN ATMET

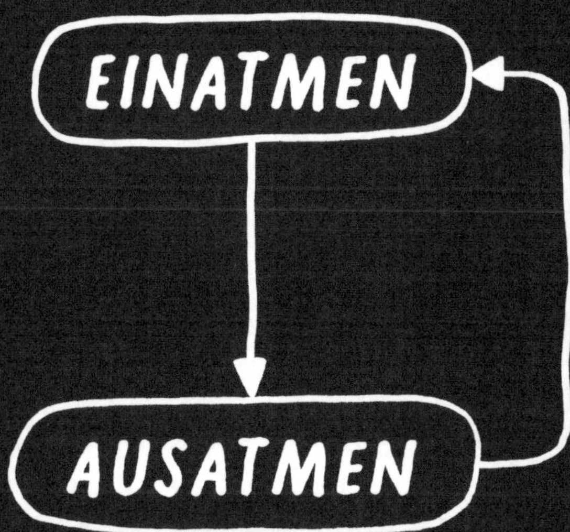

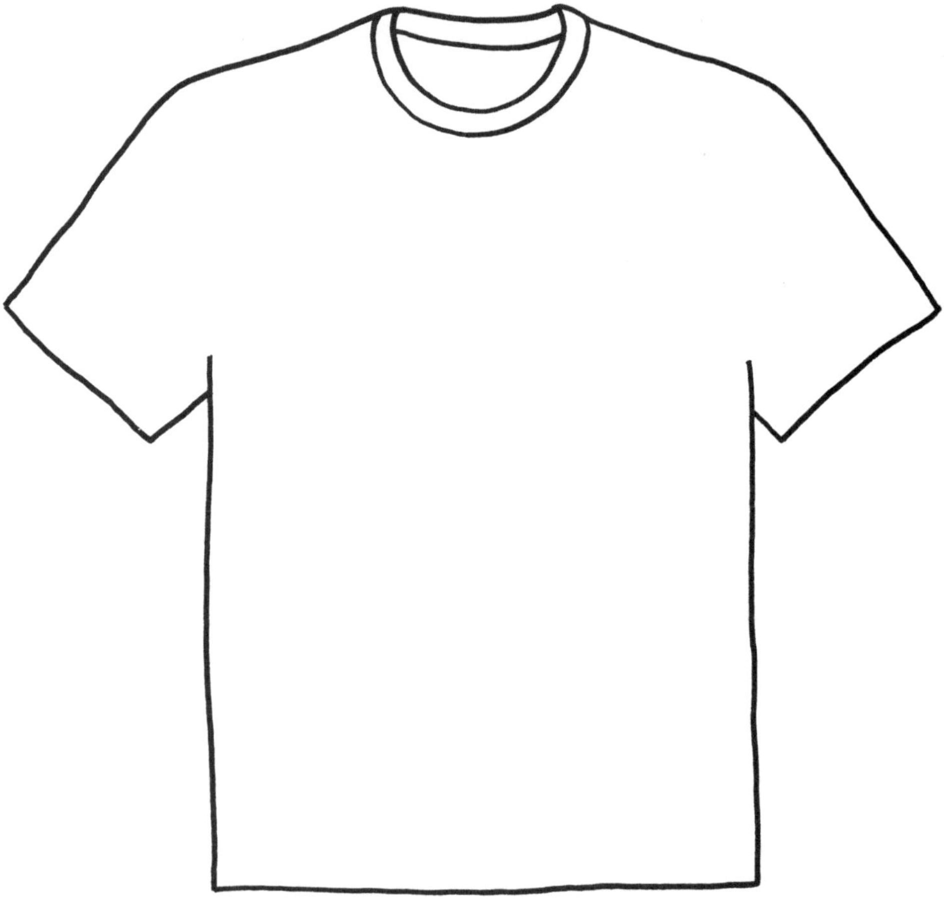

WELCHE EIGENSCHAFT VERMITTELN SIE
IHRER MEINUNG NACH AM STÄRKSTEN?

WELCHE EIGENSCHAFT MÖCHTEN SIE
AM LIEBSTEN VERMITTELN?

ZÄHLEN SIE ZEHN DINGE AUF, DIE SIE BEUNRUHIGEN, UND STUFEN SIE EIN, WIE SEHR (AUF EINER SKALA VON 1 BIS 10)

# LISTEN ERSTELLEN

ORDNEN SIE IHRE LISTE VON NIEDRIG BIS HOCH NEU UND FANGEN SIE AN, DIE AUFGABEN ABZUARBEITEN, MINDESTENS EINE PRO WOCHE

~~LISTEN ERSTELLEN~~

FÜLLEN SIE DIESEN KASTEN MIT IHRER GRÖSSTEN DERZEITIGEN SORGE

STELLEN SIE SICH VOR, IHR BESTER FREUND MACHT SICH ÜBER DIESE SACHE SORGEN. GEBEN SIE IHM EINEN RAT.

Ich habe es immer extrem schwierig gefunden, meine Depression zu beschreiben. Wenn man sagt, man sei depressiv, denken die meisten, man wäre einfach traurig, und oft versuchen sie spontan, einen aufzuheitern. Es ist schwierig zu erklären, dass man sich wie betäubt fühlt, gar nichts fühlt oder sich am liebsten so eng zu einem Ball zusammenrollen würde, dass man einfach verschwindet. Menschen, die so etwas nie selbst erlebt haben, können es sich nicht vorstellen.
Depression hindert einen daran, eine Zukunft zu entwerfen und aufzubauen. Ich spreche gar nicht von einer glücklichen Zukunft, sondern einfach von einer Zukunft, in der man morgens aufstehen kann. Wenn ich mich abmühe, eine Zukunft zu konstruieren, hilft es mir immer, in die Vergangenheit zu blicken. Dabei wird mir klar, dass ich mich schon einmal so gefühlt habe und es schon einmal überstanden habe. Das ist eine Tatsache. Es ändert zunächst nichts an meiner Befindlichkeit, aber es erinnert mich daran, dass meine Gefühle nicht auf ewig so bleiben.

DEPRESSION IST DIE UNFÄHIGKEIT, EINE ZUKUNFT AUFZUBAUEN

STELLEN SIE SICH EINEN ZEITPUNKT IN DER ZUKUNFT VOR, AN DEM SIE SICH BESSER FÜHLEN.

SIE SIND SICH SICHERER DARÜBER, WER SIE SIND, WO SIE STEHEN UND WAS SIE WOLLEN.

SCHREIBEN SIE SICH SELBST EINE E-MAIL AUS DIESER ZUKUNFT.

BRAUCHEN SIE ERMUTIGUNG, BESTÄTIGUNG ODER ~~EINEN TRITT IN DEN~~ EIN BISSCHEN ZUSPRUCH?
GEBEN SIE SICH SELBST, WAS SIE BRAUCHEN.

SENDEN SIE IHRE MAIL AN SICH SELBST AUF FUTUREME.ORG UND DATIEREN SIE SIE AUF EINEN TAG, AN DEM SIE SIE VORAUSSICHTLICH GUT BRAUCHEN KÖNNEN.

BETREFF:

IN DIE ZUKUNFT
SENDEN!

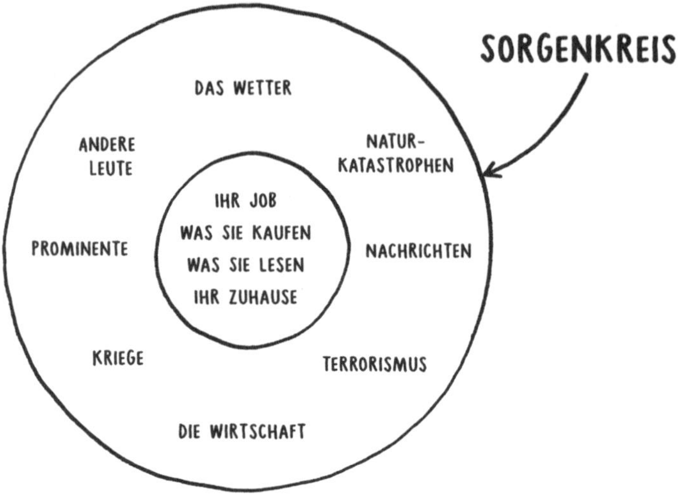


MENSCHEN MIT EINEM GROSSEN SORGENKREIS MACHEN SICH GEDANKEN ÜBER DINGE, DIE UNWICHTIG SIND ODER JENSEITS IHRES EINFLUSSES LIEGEN. SIE VERSCHWENDEN DADURCH VIEL ENERGIE.

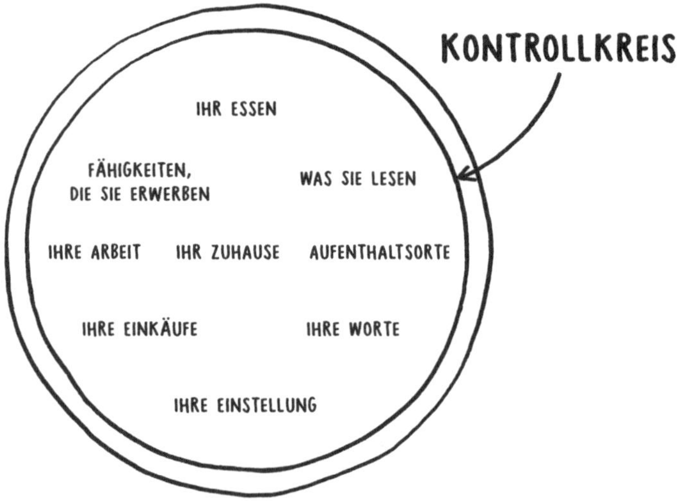


MENSCHEN MIT EINEM GROSSEN KONTROLLKREIS VERWENDEN IHRE ENERGIE AUF DINGE, DIE SIE SELBST IN DER HAND HABEN (AUCH WENN SIE SICH VERMUTLICH TROTZDEM GEDANKEN ÜBER ANDERE LEUTE MACHEN).

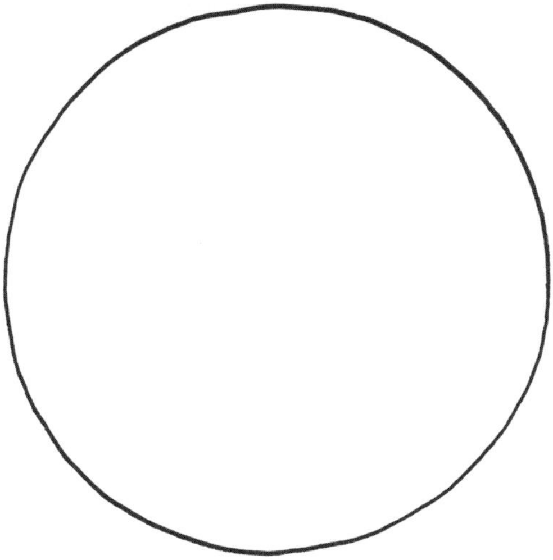

WIE SIEHT IHR SORGEN- UND IHR KONTROLLKREIS AUS?

UND WIE WÄRE ES IDEAL?

# DINGE, DIE SIE NICHT ÄNDERN KÖNNEN

# DINGE, DIE SIE ÄNDERN KÖNNEN

ZÄHLEN SIE EINIGE NEGATIVE EREIGNISSE AUF, DIE SIE IN DEN NACHRICHTEN GEHÖRT HABEN

ZÄHLEN SIE SO VIELE POSITIVE EREIGNISSE WIE MÖGLICH AUF, VON DENEN SIE AUF DIE GLEICHE WEISE ERFAHREN HABEN

GESTALTEN SIE IHR EIGENES FERNSEHPROGRAMM FÜR DIE NÄCHSTE WOCHE. WÄHLEN SIE NUR EINE SENDUNG PRO TAG, DIE SIE WIRKLICH SEHEN WOLLEN.

WENN ES KEINE GIBT, LASSEN SIE DEN ENTSPRECHENDEN TAG FREI.

SCHAUEN SIE NUR DIE AUSGEWÄHLTEN SENDUNGEN:

**MONTAG:** ______________________________

**DIENSTAG:** ______________________________

**MITTWOCH:** ______________________________

**DONNERSTAG:** ______________________________

**FREITAG:** ______________________________

**SAMSTAG:** ______________________________

**SONNTAG:** ______________________________

ALS ICH MEINEN
ERSTEN FERNSEHER
BEKAM,
WURDEN MIR ENGE
BEZIEHUNGEN
WENIGER WICHTIG.

ANDY WARHOL

MACHEN SIE EIN BILD VON SICH,
DAS IHNEN WIRKLICH ENTSPRICHT

WELCHE DREI HAUPTEIGENSCHAFTEN
FALLEN IHNEN AUF?

WIE FÜHLEN SIE SICH DABEI?

BITTEN SIE EINEN FREUND, EIN BILD VON IHNEN ZU MACHEN (OHNE IHM ZU SAGEN, WARUM)

SEHEN SIE DREI ANDERE EIGENSCHAFTEN?

WIE FÜHLEN SIE SICH DABEI?

# ZEICHNEN SIE SICH SELBST ALS EMOJI

DAS BIN ICH

# ZEICHNEN SIE DAS EMOJI, DAS SIE GERN SEIN MÖCHTEN

SO WÄRE ICH GERN ⟶ 

# DINGE, DIE SIE NIE HATTEN (ABER HABEN MÖCHTEN)

# DINGE, DIE SIE NOCH NIE GETAN HABEN (UND GERN TUN MÖCHTEN)

Aus einem unerfindlichen Grund glauben wir, wir müssten pausenlos und auf ewig glücklich sein – und wir wären Versager, wenn wir das nicht schafften. Völliger Wahnsinn, wenn man mal darüber nachdenkt. Ich habe das genauso geglaubt wie alle anderen und instinktiv versucht, Situationen und Beziehungen zu vermeiden, die mich runterziehen könnten. Traurigkeit vermeiden heißt aber nicht, dass man automatisch glücklich ist. Tatsache ist, Traurigkeit entsteht oft dann, wenn man vorher einmal glücklich war. Reduziert man also die Gelegenheiten für Traurigkeit, beschränkt man gleichzeitig die Chancen fürs Glücklichsein.
Es ist O.K., glücklich zu sein, und es ist O.K., traurig zu sein. Beides ist völlig natürlich. Ebenso, wie es natürlich ist, wütend oder dankbar, eifersüchtig oder stolz zu sein. Glücklich oder traurig sein sind beides Gefühle – keines davon ist richtig oder falsch. Je eher Sie akzeptieren, dass man sich vor Traurigkeit nicht schützen kann, desto eher werden Sie aufhören, Ihrem Glück im Weg zu stehen.

MAN KANN SICH NICHT VOR TRAURIGKEIT SCHÜTZEN, OHNE SICH GLEICHZEITIG VOR GLÜCK ZU SCHÜTZEN.

JONATHAN SAFRAN FOER,
EXTREM LAUT UND UNGLAUBLICH NAH

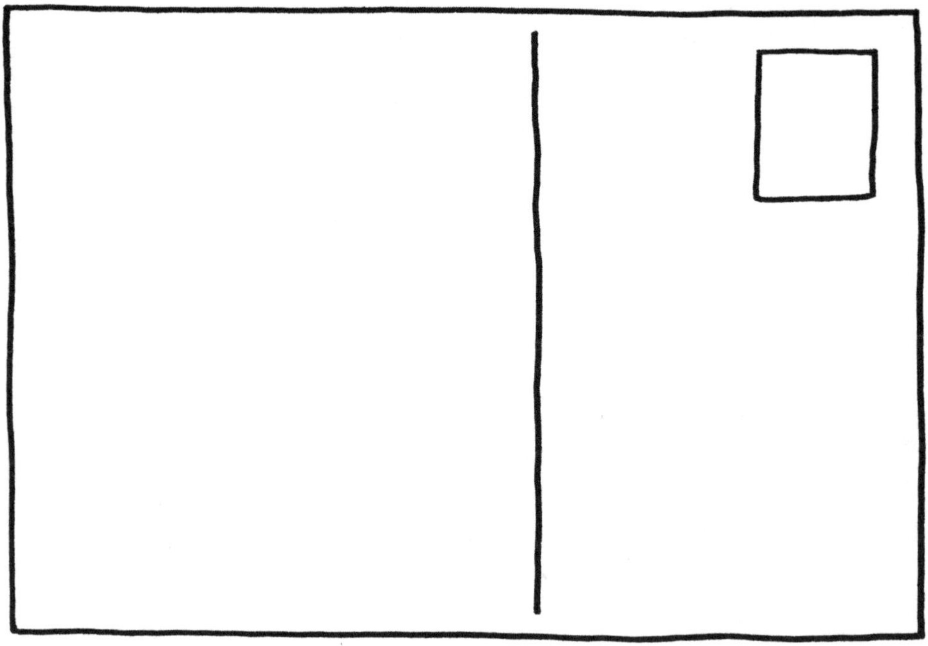

EINE NACHRICHT, DIE SIE NIE ABSCHICKEN WERDEN

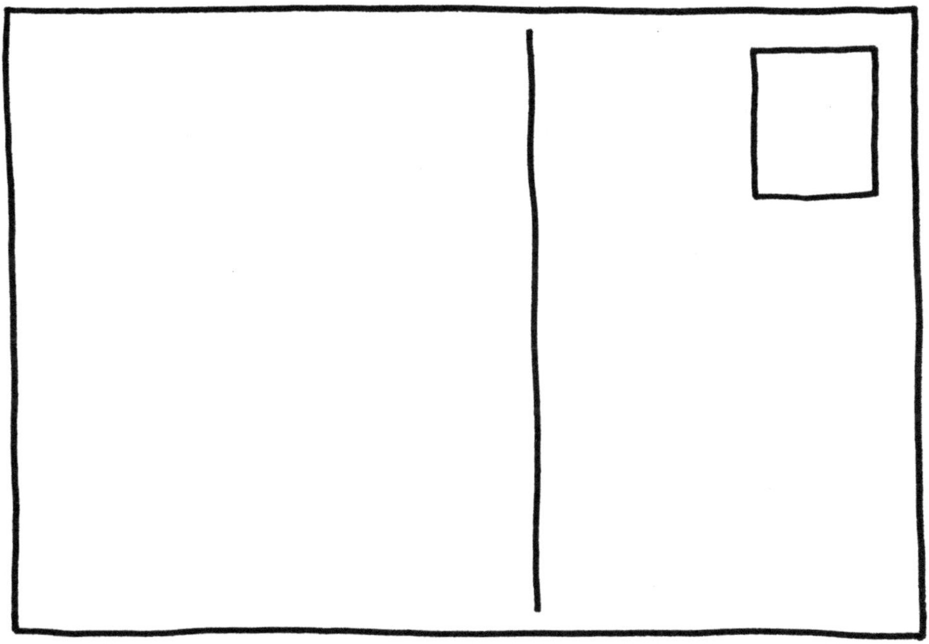

EINE NACHRICHT, DIE SIE NOCH HEUTE ABSCHICKEN WERDEN

# SCHOKOLADENMEDITATION
## (ACHTSAM ESSEN)

SETZEN SIE SICH BEQUEM UND UNGESTÖRT HIN.

NEHMEN SIE EIN STÜCK SCHOKOLADE IN DIE HAND.

SCHAUEN SIE ES AN, SPÜREN SIE SEIN GEWICHT UND SEINE KONSISTENZ.

NEHMEN SIE WAHR, WIE SEHR SIE SICH WÜNSCHEN, ES IN DEN MUND ZU NEHMEN.

TUN SIE ES NICHT, RIECHEN SIE STATTDESSEN DARAN.

WUSSTEN SIE, DASS ES SO RIECHT?

NUN STECKEN SIE ES LANGSAM IN DEN MUND.

BEHALTEN SIE ES AUF DER ZUNGE.

ÄNDERT SICH DER GESCHMACK, WÄHREND DIE SCHOKOLADE SCHMILZT?

HAT SIE MEHR VERSCHIEDENE AROMEN, ALS SIE DACHTEN?

HALTEN SIE SIE SO LANGE WIE MÖGLICH IM MUND.

FÜHLT SICH DAS KOMISCH AN?

O.K., JETZT KÖNNEN SIE SIE RUNTERSCHLUCKEN.

VERSUCHEN SIE, AN DIESEM TAG MIT MEHR ACHTSAMKEIT ZU ESSEN. WENIGSTENS BEI DREI BISSEN VON ALLEM, WAS SIE ZU SICH NEHMEN.

WAS SCHMECKTE AM LANGWEILIGSTEN?

WAS HATTE MEHR AROMA ALS ERWARTET?

WAS HATTE DIE MERKWÜRDIGSTE KONSISTENZ?

WAS SCHMECKTE BESSER ALS SONST?

## MIT WELCHER DIESER AUSSAGEN IDENTIFIZIEREN SIE SICH?

(FÜGEN SIE EIGENE HINZU)

- [ ] ICH BIN EIN VERSAGER
- [ ] ICH KANN NICHTS
- [ ] NIEMAND MAG MICH
- [ ] ICH BIN NICHT KLUG GENUG
- [ ] ES GEHT BESTIMMT SCHIEF
- [ ] WARUM DIE ANSTRENGUNG?
- [ ] KEINER INTERESSIERT SICH FÜR MICH
- [ ] KUCHEN IST EIN GEMÜSE

HABEN SIE BEWEISE DAFÜR,
DASS DIESE AUSSAGEN ZUTREFFEN?

ES MAG EINFACH SEIN, SICH VORZUSTELLEN,
ALLES IM LEBEN SEI ENTWEDER SCHWARZ ODER WEISS.

EINS VON ZWEI EXTREMEN.

ABER ...

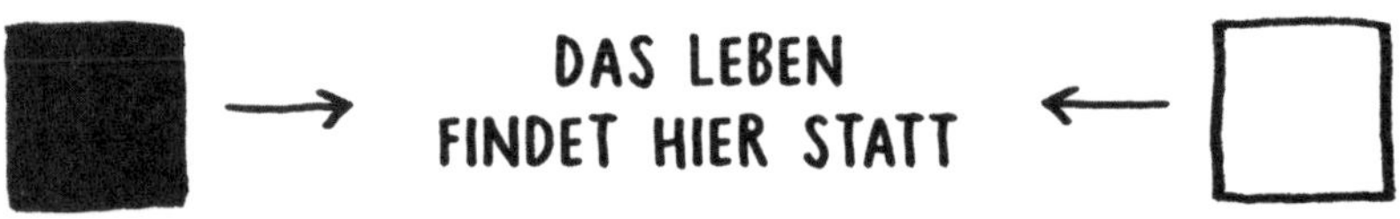


FÜLLEN SIE DIE SEITE GEGENÜBER MIT SO VIELEN UNTER-SCHIEDLICHEN GRAUSCHATTIERUNGEN WIE MÖGLICH.

ERINNERN SIE SICH AN DIESE SEITE,
WENN SIE DAS BESTE ODER DAS SCHLIMMSTE DENKEN.

LASSEN SIE IHR LEBEN EIN BISSCHEN GRAUER SEIN.

WELCHES KÜNFTIGE EREIGNIS MACHT IHNEN SORGEN?

SAGEN SIE IN EINEM SATZ, WARUM.

WAS IST DAS SCHLIMMSTE, WAS PASSIEREN KÖNNTE?

UND DAS BESTE?

UND WAS LÄGE IRGENDWO ZWISCHEN DEM BESTEN UND DEM SCHLIMMSTEN?

NACH DEM EREIGNIS: WAS GENAU IST PASSIERT?

WELCHE ANTWORT KAM DER REALITÄT AM NÄCHSTEN?

O.K., MACHEN WIR
FÜNF MINUTEN PAUSE,
UM HERAUSZUFINDEN,
WAS IN IHREM KOPF
VORGEHT

FINDEN SIE EINE BEQUEME POSITION, IN DER SIE NICHT ABGELENKT WERDEN.

SITZEN SIE EINFACH DA.

VERSUCHEN SIE, ALLE EMPFINDUNGEN IM KÖRPER UND IM GEIST WAHRZUNEHMEN.

WENN IHRE GEDANKEN ABSCHWEIFEN, NEHMEN SIE ES WAHR UND KOMMEN SIE WIEDER ZURÜCK IN DIE GEGENWART.

SIND SIE ANGESPANNT?

KREISELN IHRE GEDANKEN?

SIND SIE IN DER VERGANGENHEIT ODER IN DER ZUKUNFT STATT IM JETZT?

ZEICHNEN SIE EIN, WO SIE KÖRPERLICHE SYMPTOME SPÜREN, WENN SIE TRAURIG ODER ÄNGSTLICH SIND

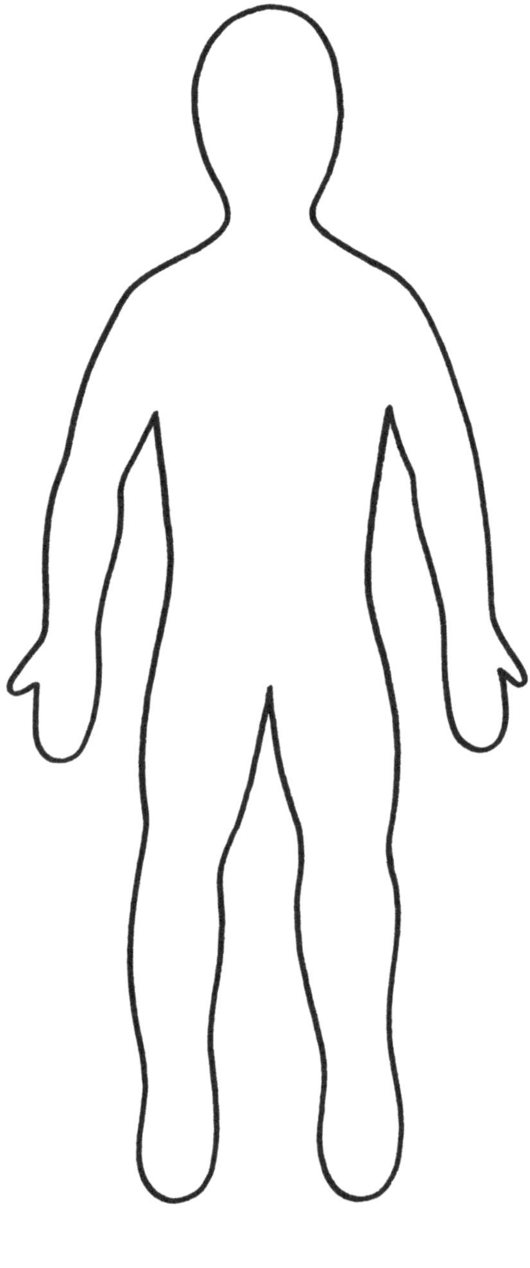

WENN ES EIN BESONDERS STARKES GEFÜHL GIBT,
ZEICHNEN SIE SEINEN WEG DURCH IHREN KÖRPER NACH

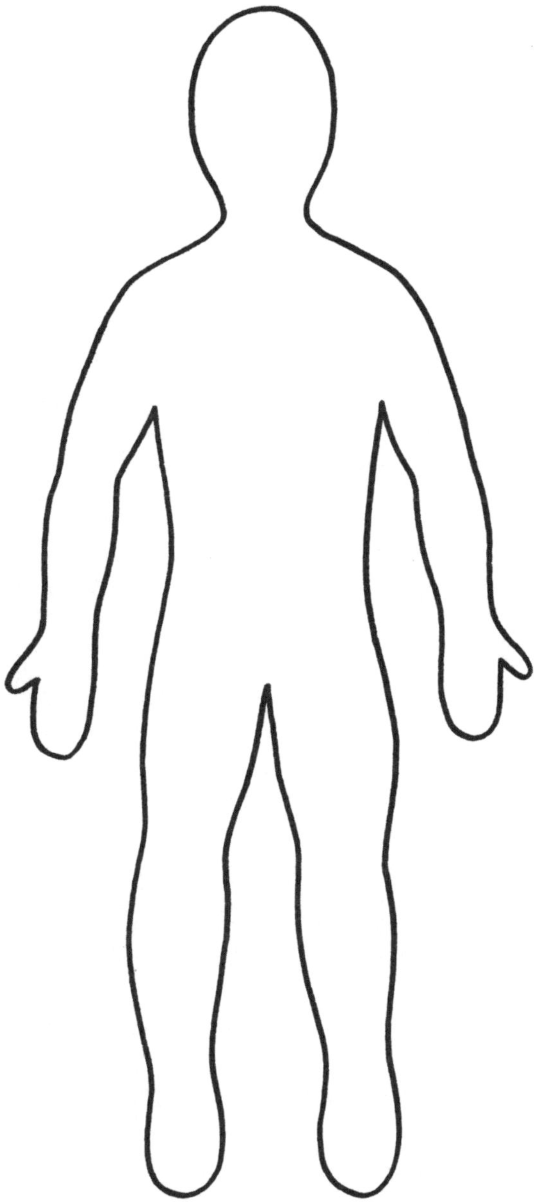

Das wäre ein weiteres Buchthema: Wie holt man sich den natürlichen Sinn für Neugier zurück, den wir als Kinder hatten? Ich habe immer versucht, ihn mir zu erhalten, weil ich glaubte, dass es wichtig sei. Wie wichtig es wirklich ist, wurde mir klar, als ich so richtig traurig wurde. Meine Neugier kam mir nach und nach abhanden, also verlor ich das Interesse, zuerst an den Dingen, dann am Leben. Alles verlor an Bedeutung, Farbe, Substanz und wurde flach und eindimensional.
Neugierig auf die Welt zu sein bedeutet gleichzeitig, neugierig aufs Leben zu sein. Je mehr Fragen Sie sich stellen, desto interessierter sind Sie, Antworten zu finden. Und je offener Sie für die Welt sind, desto mehr können Sie daraus machen. Das Leben ist so viel angenehmer, wenn Sie Interesse daran haben, es zu leben. Und der erste Schritt dazu ist es, die Neugier zu stärken.

# DIE WICHTIGSTE ÜBUNG IST, DIE NEUGIER ZU STÄRKEN

MACHEN SIE EIN FOTO VON ETWAS,
DAS SIE HEUTE ZUM ERSTEN MAL BEMERKEN

ES KÖNNTE EIN FARBFLECK IM AUGE EINES FREUNDES
SEIN, EINE GEHEIMNISVOLLE TÜR – ODER DASS SIE
EIN RICHTIG BEZAUBERNDES LÄCHELN HABEN

TUN SIE DAS GLEICHE AN DEN NÄCHSTEN SECHS TAGEN

ZWEI

DREI

VIER

FÜNF

SECHS

SIEBEN

GEBEN SIE IHREN FOTOS BEI INSTAGRAM DEN HASHTAG #HTBHBOOK, DANN KÖNNEN AUCH WIR SIE ENTDECKEN

WÄHLEN SIE FÜNF IHNEN BEKANNTE PERSONEN AUS. WIE, GLAUBEN SIE, WÜRDEN DIESE PERSONEN SIE IN EINEM SATZ BESCHREIBEN?

| NAME | VERMUTETE BESCHREIBUNG |
| --- | --- |
| | |
| | |
| | |
| | |
| | |

BITTEN SIE DIESE FÜNF PERSONEN,
SIE TATSÄCHLICH IN EINEM SATZ ZU BESCHREIBEN

| NAME | TATSÄCHLICHE BESCHREIBUNG |
| --- | --- |
| | |
| | |
| | |
| | |
| | |

# WEITVERBREITETE DENKFEHLER

Jeder neigt zu kognitiven Verzerrungen, aber wenn man depressiv oder in Sorge ist, verstärken sich diese noch. Hier finden Sie eine Liste mit solchen Wahrnehmungsmustern. Erkennen Sie sich in einigen davon wieder? (Meine sind mit einem Sternchen versehen.) Wenn Ihnen bewusst wird, dass Sie die Dinge auf falsche Weise zuordnen, ist es viel einfacher, diese Denkmuster in Zukunft einzudämmen oder aufzugeben.

## ☐ SCHWARZ-WEISS-DENKEN*

Sie denken in absoluten Kategorien: Die Dinge sind entweder gut oder schlecht, es gibt kein Dazwischen. Üben Sie sich darin, auch die Grautöne zu sehen. Wenn Sie an das Schlimmste und das Beste gedacht haben, was wären die Optionen dazwischen?

## ☐ KATASTROPHISIEREN*

Sie neigen dazu, das Negative an Ereignissen und ihre Bedeutung maßlos zu übertreiben. Versuchen Sie, Ihre Gedanken in die richtige Perspektive zu rücken. Meist sind Dinge viel weniger wichtig und gehen weniger schief als vermutet.

## ☐ EMOTIONALE BEWEISFÜHRUNG*

Sie glauben, dass Ihre Empfindungen stichfeste Beweise dafür sind, wie die Dinge gerade stehen. Wenn Sie traurig, besorgt oder gestresst sind, führt das zu einer verzerrten Sicht auf die Realität. Denken Sie einmal nur an die reinen Fakten einer Situation. Rechtfertigen diese wirklich Ihre Gefühle?

## ☐ GEDANKEN LESEN UND WEISSAGEN*

Sie machen Vorhersagen über Dinge, für die Sie keine Beweise haben, etwa was Leute denken, was geschehen wird, oder was jemand zu Ihnen sagen wird. Egal, wie sehr Sie es versuchen, Sie werden nie wirklich etwas vorhersagen können. Machen Sie sich klar, dass Ihre Vermutung wahrscheinlich falsch sein wird.

# (WELCHE DAVON TREFFEN AUF SIE ZU?)

## ☐ ETIKETTIERUNG

Sie versehen Dinge mit verallgemeinernden und definitiven Etiketten wie »nutzlos« oder »Fehlschlag«, obwohl sie viel zu komplex sind, um so kategorisiert zu werden. Versuchen Sie, rigide Einordnungen zu vermeiden, und feiern Sie stattdessen die Komplexität!

## ☐ SELBSTREGELN NACH PERFEKTIONISTISCHEN STANDARDS*

Sie leben nach sehr starren Richtlinien und verwenden Wörter wie »sollte«, »muss« und »kann nicht«. Je verbissener Sie das tun, desto enttäuschter und wütender werden Sie sein. Versuchen Sie, gegen das starre Denken anzugehen, indem Sie fließendere Worte wie »wünsche mir«, »aber« und »würde gern« verwenden.

## ☐ NIEDRIGE FRUSTRATIONSSCHWELLE

Sie finden Dinge, die eigentlich nur etwas nervig sind, unerträglich. Sie überschätzen die Schwierigkeit einer Situation und mindern damit Ihre Fähigkeit, sie zu bewältigen. Erinnern Sie sich daran: Nur weil etwas ärgerlich ist, heißt das noch lange nicht, dass Sie damit nicht zurechtkommen.

## ☐ HERABSETZUNG DES POSITIVEN*

Sie neigen dazu, das Negative überzubetonen und das Positive zu ignorieren, zu bagatellisieren oder falsch auszulegen. Sie reiten auf Ihren schlechten Eigenschaften herum und ignorieren die positiven. Wenn Sie etwas Gutes tun, üben Sie, es zu feiern und das Lob und die positive Rückmeldung zu akzeptieren.

## ☐ PERSONALISIERUNG*

Sie übernehmen Verantwortung für alles und die Schuld an allem, auch wenn es gar nichts mit Ihnen zu tun hat. Erinnern Sie sich daran, dass Sie nicht der Mittelpunkt des Universums sind – und das ist gut so!

FÜLLEN SIE DIESE KÄSTEN MIT NEGATIVEN GEDANKEN, DIE IHNEN HÄUFIG IN DEN SINN KOMMEN

WENN ICH'S NICHT HINKRIEGE, KANN ICH AUCH GLEICH AUFGEBEN. OFFENSICHTLICH BIN ICH EIN VERSAGER.

DENKMUSTER = KATASTROPHISIEREN

KENNZEICHNEN SIE IHRE GEDANKEN MIT DEN OBEN BESCHRIEBENEN DENKMUSTERN

NOTIEREN SIE HIER ALLE NEGATIVEN TWEETS ODER STATUSMELDUNGEN, DIE IHNEN IN DEN SINN KOMMEN

NUTZEN SIE DIESE SEITE,
UM SICH POSITIVE ALTERNATIVEN AUSZUDENKEN

BORGEN SIE SICH EIN ALBUM,
DAS SIE NICHT LEIDEN KÖNNEN

HÖREN SIE ES DEN GANZEN TAG
(MINDESTENS FÜNFMAL)

ENTWERFEN SIE IHRE EIGENE VERSION DES COVERS

WELCHES WAR IHR LIEBLINGSLIED?

WELCHE SIND DIE DREI WICHTIGSTEN THEMEN DARIN?

WIE VIELE LIEDER, GLAUBEN SIE,
BASIEREN AUF DER WAHRHEIT?

WELCHE TEXTE HABEN SIE BERÜHRT?

WIE GING ES IHNEN BEIM
ANHÖREN DES ALBUMS?

WIE, GLAUBEN SIE,
GEHT ES DEM SÄNGER?

Ich habe mir immer vorgestellt, ich wäre glücklicher, wenn … ich ein bisschen mehr Geld hätte, woanders wohnte, meinen Traumjob fände. Aber wann immer ich eins von diesen »Wenn-Zielen« erreiche, verändert sich eigentlich nichts. Ich bin noch immer die gleiche Person, nur in einer anderen Situation. Dass »Wenns«, die von außen kommen, einen glücklich machen, ist selten. Genauso wie Materielles einen kaum je wirklich glücklich macht – jedenfalls nicht langfristig.

Wenn Sie eine Liste all dessen erstellten, wovon Sie glauben, dass es Sie vielleicht glücklich macht, und eine Liste von dem, was Sie tatsächlich glücklich macht, dann würde die zweite Liste sicher lauter Dinge enthalten, zu denen Sie längst Zugang haben oder die relativ einfach verfügbar sind.

DIE DINGE, DIE SIE
ZUM GLÜCKLICHSEIN
BRAUCHEN, SIND NICHT
DIE DINGE, DIE SIE ZU
BRAUCHEN GLAUBEN.

IRENE MUENI

# DINGE, VON DENEN SIE GLAUBEN, DASS SIE SIE GLÜCKLICHER MACHEN

# ALLES, WOVON SIE WISSEN, DASS ES SIE GLÜCKLICH MACHT

KLEBEN SIE HIER EIN FOTO EIN, DAS SIE GLÜCKLICHER MACHT.

SCHAUEN SIE ES EIN PAAR MINUTEN LANG AN.

VERSUCHEN SIE, SICH DIE SZENE MIT ALLEN DETAILS
UND GEFÜHLEN GENAU EINZUPRÄGEN.

VISUELLE ANKER ZU BENUTZEN IST EINE GUTE METHODE, SICH IN BESSERE STIMMUNG ZU VERSETZEN, WENN ES EINEM NICHT GUTGEHT.

HÄNGEN SIE FOTOS IN IHREM SCHLAFZIMMER AUF, STELLEN SIE KLEINE SOUVENIRS AUF IHREN SCHREIBTISCH ODER TRAGEN SIE EINEN LIEBESBRIEF IN IHRER HANDTASCHE MIT SICH HERUM.

SAMMELN SIE EINE REIHE VON DINGEN, DEREN ANBLICK IHR HERZ ERFREUT.

## LISTEN SIE HIER MÖGLICHE VISUELLE ANKER AUF:

SIE KÖNNEN ALLE SINNE DAZU VERWENDEN, UM SICH IN BESSERE STIMMUNG ZU VERSETZEN. NOTIEREN SIE AUCH EINIGE ANKER FÜR IHRE ÜBRIGEN SINNE …

## RIECHEN:

## HÖREN:

SCHMECKEN:

FÜHLEN:

ERLAUBEN SIE SICH, WENIGER ALS
PREFEKT ZU SEIN

MALEN ODER NOTIEREN SIE IHRE
UNVOLLKOMMENHEITEN AUF DER
GEGENÜBERLIEGENDEN SEITE

ACHTUNG SPOILER: UNVOLLKOMMENHEITEN SIND DIE DINGE, DIE SIE ZU DER PERSON MACHEN, DIE SIE SIND

SIE HABEN GERADE EINE LISTE VON DINGEN ERSTELLT, DIE SIE FEIERN SOLLTEN UND AUF DIE SIE STOLZ SEIN KÖNNEN

WENN ICH EIN(E) ... WÄRE, WÄRE ICH ______________

FARBE: ______________

ESSEN: ______________

GETRÄNK: ______________

BUCH: ______________

FILM: ______________

LIED: ______________

KLEIDUNGSSTÜCK: ______________

FAHRZEUG: ______________

KRANKHEIT: ______________

COMICFIGUR: ______________

SOZIALES NETZWERK: ______________

WETTER: ______________

STADT: ______________

SUPERHELD: ______________

ERZSCHURKE: ______________

PLANET: ______________

WENN ICH EIN TIER WÄRE, SÄHE ICH SO AUS:

# MACHEN SIE EINE COLLAGE IHRER SORGEN

# MACHEN SIE EINE COLLAGE DER RUHE

WAS IST DAS SCHLIMMSTE, WAS PASSIEREN KÖNNTE?

BESCHREIBEN SIE ES IN <u>ALLEN</u> EINZELHEITEN

Die Frage gegenüber stammt aus dem Buch *The Antidote* von Oliver Burkeman, und wann immer ich mich schlecht fühle, stelle ich sie mir. Bisher konnte ich sie noch nie mit Ja beantworten, selbst wenn ich gerade auf dem Boden lag und mir die Augen ausheulte. Natürlich war auf dem Boden zu liegen und zu heulen auch irgendwie ein Problem, aber es gab kein konkretes, das dieses Verhalten ausgelöst hätte.
Stellen Sie sich diese Frage, wenn Ihnen wieder mal alles hoffnungslos scheint. Haben Sie gerade wirklich ein konkretes Problem? Ist die Antwort »Nein«, geht es Ihnen vermutlich einigermaßen. Versuchen Sie, sich nicht unterkriegen zu lassen und weiterzumachen. Ist die Antwort »Ja«, versuchen Sie herauszufinden, was genau das Problem ist und wie man es lösen könnte. Dies ist eine sehr wirkungsvolle Methode.

HABEN SIE
JETZT GERADE
EIN PROBLEM?

## DAS 20-MINUTEN-GRÜBELFENSTER

WÄHLEN SIE EINEN ZEITPUNKT, AN DEM SIE 20 MINUTEN ZUR FREIEN VERFÜGUNG HABEN.

DIES IST IHR GRÜBELFENSTER.

MACHEN SIE SICH AUSGIEBIG ÜBER ALLES SORGEN.

STELLEN SIE SICHER, DASS SIE ES DIESE GANZEN 20 MINUTEN LANG TUN.

WENN SIE VORHER AUFHÖREN, SOLLTEN SIE SICH SORGEN MACHEN, WARUM SIE SICH KEINE SORGEN MACHEN.

DIES IST IHRE EINZIGE CHANCE, HEUTE ZU GRÜBELN!

LASSEN SIE NICHT ZU, DASS SIE SICH AUSSERHALB DIESES FENSTERS SORGEN MACHEN.

WENN SIE AUSSERHALB DES VORGESEHENEN ZEITFENSTERS INS GRÜBELN KOMMEN, ERINNERN SIE SICH DARAN, DIES ERST WIEDER IM NÄCHSTEN FENSTER ZU TUN.

KRITZELN ODER ZEICHNEN SIE IHRE SORGEN IN DIESES FENSTER

HALTEN SIE DEN TAG ÜBER NACH KLEINEN DINGEN AUSSCHAU, DIE AUCH GANZ GROSS SEIN KÖNNTEN.

EIN BLUMENBEET KÖNNTE EIN DSCHUNGEL SEIN.
EIN RISS KÖNNTE EINE SCHLUCHT SEIN.
EIN KIESELSTEIN KÖNNTE EIN BERG SEIN …

FOTOGRAFIEREN ODER ZEICHNEN SIE IHR LIEBLINGSDETAIL.

WER ODER WAS LEBT DORT?
IST ES AUF DER ERDE, IM WELTRAUM ODER IN DER FANTASIE?
GIBT ES DORT PIZZA?

SCHREIBEN SIE EINE GESCHICHTE (ODER BESCHREIBUNG) DARÜBER.

# UND JETZT WIEDER DIESE FRAGEN:

WIE FÜHLEN SIE SICH?

WELCHE DREI DINGE MÖGEN SIE SEHR?

WELCHE FARBE HAT IHRE STIMMUNG?

WIE IST DAS WETTER?

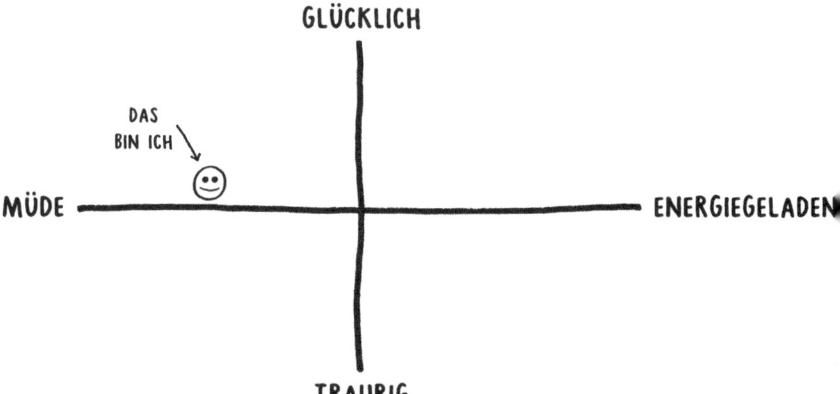


WO BEFINDEN SIE SICH IN DIESEM KOORDINATENSYSTEM?

WOHIN WOLLEN SIE?

WIE IST IHR LEBEN GERADE?

WAS IST IHNEN AM WICHTIGSTEN?

WIE VOLL IST
IHR KOPF?

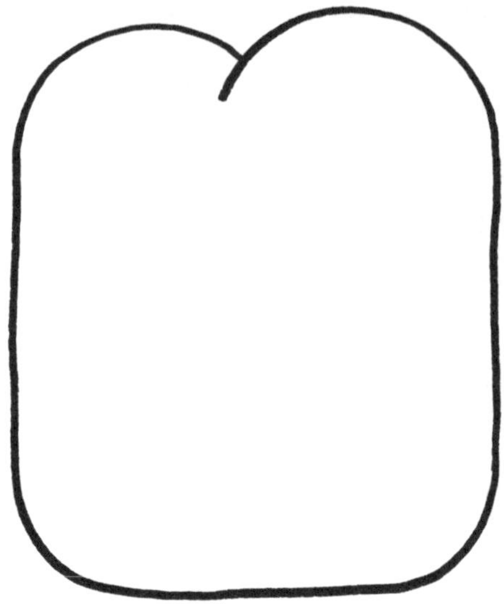

WIE VOLL IST
IHR HERZ?

WANN WAREN SIE DAS LETZTE MAL GLÜCKLICH?

WELCHE BEREICHE VERBESSERN SICH, WELCHE VERSCHLECHTERN SICH? TRINKEN SIE GENUG WASSER?

| | |
|---|---|
| GESAMTVERFASSUNG: | 1 2 3 4 5 6 7 8 9 10 |
| FAMILIE: | 1 2 3 4 5 6 7 8 9 10 |
| FREUNDE: | 1 2 3 4 5 6 7 8 9 10 |
| SOZIALLEBEN: | 1 2 3 4 5 6 7 8 9 10 |
| BEZIEHUNG: | 1 2 3 4 5 6 7 8 9 10 |
| FREIZEITVERGNÜGUNGEN: | 1 2 3 4 5 6 7 8 9 10 |
| ARBEIT: | 1 2 3 4 5 6 7 8 9 10 |
| GELD: | 1 2 3 4 5 6 7 8 9 10 |
| GESUNDE ERNÄHRUNG: | 1 2 3 4 5 6 7 8 9 10 |
| WASSER TRINKEN: | 1 2 3 4 5 6 7 8 9 10 |
| RAUSGEHEN: | 1 2 3 4 5 6 7 8 9 10 |
| SPORT: | 1 2 3 4 5 6 7 8 9 10 |
| GESUNDHEIT: | 1 2 3 4 5 6 7 8 9 10 |
| KREATIVITÄT: | 1 2 3 4 5 6 7 8 9 10 |
| LEBENSZWECK: | 1 2 3 4 5 6 7 8 9 10 |
| DIE VERGANGENHEIT: | 1 2 3 4 5 6 7 8 9 10 |
| DIE GEGENWART: | 1 2 3 4 5 6 7 8 9 10 |
| DIE ZUKUNFT: | 1 2 3 4 5 6 7 8 9 10 |

SCHLIESSEN SIE FÜNF MINUTEN LANG DIE AUGEN UND KONZENTRIEREN SIE SICH AUF DIE GERÄUSCHE IN IHRER UMGEBUNG.

WENN IHRE GEDANKEN ZU WANDERN BEGINNEN, MACHEN SIE SICH GEDANKLICH EINE NOTIZ DAVON UND KOMMEN SIE ZURÜCK ZU DEN GERÄUSCHEN.

ACHTEN SIE AUF JEDES NOCH SO KLEINE GERÄUSCH.

WAS, GLAUBEN SIE, HAT DIE GERÄUSCHE VERURSACHT?

DAS LAUTESTE

DAS LEISESTE

DAS GEWÖHNLICHSTE

DAS UNGEWÖHNLICHSTE

# STELLEN SIE SICH VOR, SIE WÄREN 90 JAHRE ALT

ICH WÜNSCHTE, ICH HÄTTE MEHR ZEIT VERBRACHT MIT:

## DENKEN SIE ANHAND DER BEIDEN LISTEN ÜBER IHR LEBEN NACH

ICH WÜNSCHTE, ICH HÄTTE WENIGER ZEIT VERBRACHT MIT:

Je schlechter es mir geht, umso mehr funktioniere ich nur noch auf Autopilot. Ich tue was, bin aber nicht wirklich da. Stattdessen grüble ich fortwährend über Künftiges oder hänge Vergangenem nach. Voriges Jahr hab ich das meiste völlig unbewusst getan. Deswegen verpasste ich mir selbst mehr als einmal die Diagnose »Anhedonie«, und wahrscheinlich stimmte sie sogar bis zu einem gewissen Grad: Ich war unfähig, Freude am Leben zu empfinden. Das lag aber auch daran, dass ich selten vollkommen im Leben präsent war.

Seitdem versuche ich, in allem bewusster und absichtsvoller zu sein: einfach alles langsamer zu machen und den Dingen mehr Aufmerksamkeit zu widmen. Ich versuche, mir dessen, was ich tue, dann auch bewusst zu sein. Das kann viel schwieriger sein, als es sich anhört, vor allem, wenn man traurig ist. Aber je öfter man es macht, desto normaler wird es – und die einzige Möglichkeit, Glück zu erfahren, ist, anwesend zu sein, wenn man Glück fühlt.

# TU WENIGER, SEI MEHR.

DR. CARRIE CONTEY

ENTWERFEN SIE EIN PAAR AUSZEICH-
NUNGEN, UM SICH SELBST ZU FEIERN!

FÜR IHRE GRÖSSTEN ERFOLGE ODER IHRE
KLEINSTEN TRIUMPHE

EINIGE IDEEN:
IHR BESTER CHARAKTERZUG
IHRE LIEBLINGSEIGENSCHAFT
DAS, WAS SIE AM BESTEN KÖNNEN

# HÖREN SIE SICH DAS TRAURIGSTE LIED AN, DAS SIE KENNEN

## HÖREN SIE ES EIN PAARMAL.

SCHWELGEN SIE IN DEN TEXTEN.

SAUGEN SIE AUF, WIE SICH DER SÄNGER FÜHLT.

WIE FÜHLEN SIE SICH?

# UND JETZT DAS GLEICHE MIT DEM FRÖHLICHSTEN LIED

**SINGEN SIE MIT, SO LAUT SIE KÖNNEN.**

TANZEN SIE WIE VERRÜCKT.

STELLEN SIE SICH VOR, ES GIBT NUR DIESES EINE LIED.

FÜHLEN SIE SICH BESSER?

BEMALEN ODER VERZIEREN SIE EINEN GROSSEN STEIN ODER FELSBROCKEN.

PLATZIEREN SIE IHN IRGENDWO ÖFFENTLICH SICHTBAR.

SIE HABEN DIE WELT GERADE ZU EINEM FRÖHLICHEREN ORT GEMACHT.

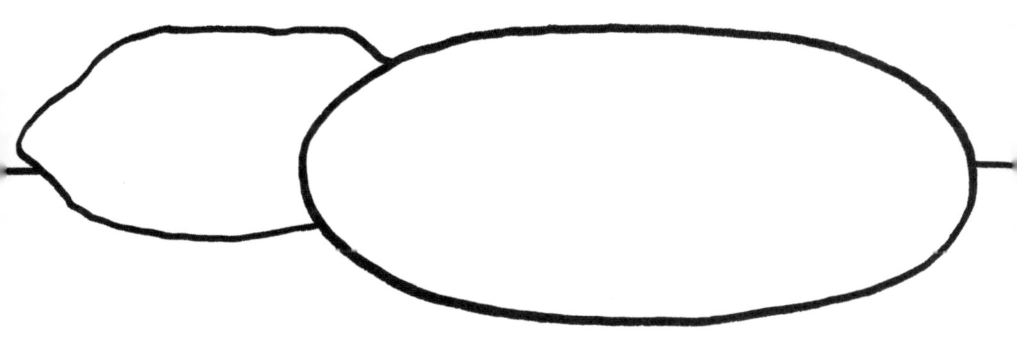

MACHEN SIE ERSTE ENTWÜRFE AUF DIESEN STEINEN HIER.

LEBEN SIE DIESEN TAG, ALS WÄREN SIE NEU AUF DIESEM PLANETEN.

BETRACHTEN SIE ALLES MIT FRISCHER NEUGIER.

FRAGEN SIE SICH BEI ALLEM: WARUM?

WARUM IST MEIN KAFFEE BRAUN?

WARUM SAGEN FREMDE NICHT GUTEN TAG?

WARUM GIBT ES ZEITUNGEN?

WARUM SCHMECKT UNGESUNDES ESSEN SO GUT?

WELCHES ALLTAGSUTENSIL
SCHEINT JETZT FREMDER?

WAS SOLLTE MAN
ANDERS MACHEN?

WAS WAR DIE HAUPT-
ZUTAT IHRER MAHLZEIT?

ZEICHNEN SIE EINE KURVE DER
ALLGEMEINEN STIMMUNG

STELLEN SIE DIE HANDY-WECKFUNKTION AUF BELIEBIG ÜBER DEN TAG VERTEILTE ZEITEN.

IMMER WENN DER WECKER KLINGELT, HALTEN SIE EIN PAAR MINUTEN INNE.

WERDEN SIE GEWAHR, WAS GERADE IN IHREM KOPF UND KÖRPER VOR SICH GEHT.

DAS WAR'S SCHON.

10.14 UHR
AN WAS DENKEN SIE GERADE?

11.11 UHR
WAS WÜNSCHEN SIE SICH?

14.07 UHR
SIND SIE IN GEDANKEN VERLOREN?

16.19 UHR
BEDENKEN SIE:
SIE SIND NICHT IHRE GEDANKEN.

# IMPROVISIEREN SIE IHREN TAG

SUCHEN SIE SICH EINEN TAG AUS, AN DEM SIE NICHTS VORHABEN. VERBRINGEN SIE IHN, WIE ES GERADE KOMMT.

BLEIBEN SIE NICHT DAHEIM!

EINIGE VORSCHLÄGE:

LADEN SIE IHRE MUTTER ZUM MITTAGESSEN EIN.
BESUCHEN SIE EINE SEHENSWÜRDIGKEIT AN IHREM ORT.
STEIGEN SIE AUFS GERATEWOHL IN IRGENDEINEN ZUG ODER BUS.
LAUFEN SIE EINMAL DURCH IHRE GANZE STADT.
BIEGEN SIE IMMER NUR LINKS AB.

# WO WAREN SIE UND WAS HABEN SIE GEMACHT?

Das Internet ist ganz klar die zweitgrößte Erfindung der Menschheit, gleich nach dem Cheeseburger. Im Nu weiß es Antwort auf viele Fragen, verbindet uns mit anderen oder bringt uns zum Lachen. Doch es führt auch dazu, dass wir uns noch mehr mit anderen vergleichen, denen es vermeintlich bessergeht oder die mehr erreicht haben. Wir sollten aber bedenken, dass diese Menschen ihre Biografie für die Darstellung im Netz bearbeitet haben so wie Sie die Ihre vermutlich auch. Die Realitäten des eigenen Lebens mit den geschönten Versionen der anderen zu vergleichen ist öde. Aber ich weiß, wie leicht es geschieht und wie schwierig es ist, es wieder zu lassen.

Mir hat dabei geholfen, bewusster zu sein. Ich habe alle Social-Media-Benachrichtigungen abgestellt und mein Facebook-Profil gelöscht und bereue es nicht. Ich will damit nicht vorschlagen, dass Sie etwas ähnlich Drastisches tun. Im Grunde war die wichtigste Veränderung eine ganz kleine: Heute schaue ich nur dann in meine Nachrichten, wenn ich will, statt auf jeden Signalton zu reagieren – oder aus Langeweile oder um andere Aufgaben zu vermeiden. Es ist nicht einfach, mit den ewigen Vergleichen aufzuhören, vor allem, wenn Sie die Leben der anderen wie einen steten Strom immer vor Augen haben. Aber selbst zu entscheiden, wann Sie darin eintauchen wollen, ist schon mal ein guter Anfang.

VERGLEICHEN SIE
IHR INNERES NICHT
MIT DEM ÄUSSEREN
ANDERER

# VERBRINGEN SIE EINEN TAG OHNE INTERNET

VIELLEICHT HILFT ES IHNEN, ANALOGEN ERSATZ
FÜR DAS INTERNET ZU FINDEN:

*AMAZON:* BESUCHEN SIE EIN EINKAUFSZENTRUM.
*GOOGLE:* GEHEN SIE IN DIE BÜCHEREI.
*INSTAGRAM:* GEHEN SIE RAUS (ODER ESSEN SIE ZU MITTAG).
*TUMBLR:* BESUCHEN SIE EIN MUSEUM.
*TWITTER:* HÖREN SIE FREMDEN BEIM NÖRGELN ZU.

WO WAREN SIE?

WAS HAT IHNEN GEFEHLT?

WAS WAR DAS BESTE?

WIE VIELE E-MAILS WAREN DA?

WIE VIELE WAREN WICHTIG?

WIE FÜHLEN SIE SICH?

UND, WIE OFT HABEN SIE GESCHUMMELT?

# KLEINE DINGE

# GROSSE DINGE

LAUFEN SIE BARFUSS IM GRAS.

WAS NEHMEN SIE WAHR?

WIE UNTERSCHEIDET ES SICH VOM LAUFEN IN SCHUHEN?

LÄUFT SONST NOCH JEMAND BARFUSS?

SCHAUT IRGENDJEMAND SIE KOMISCH AN?

LÄCHELN SIE IHNEN FREUNDLICH ZU.

WIE LANG HAT SICH DAS GRAS ANGEFÜHLT?

WELCHE ANDEREN PFLANZEN AUSSER GRAS WUCHSEN AUF DEM BODEN?

WIE HABEN SIE SICH GEFÜHLT

VORHER?

WÄHRENDDESSEN?

NACHHER?

BLÄTTERN SIE AUF EINE BELIEBIGE SEITE ZURÜCK
UND ANALYSIEREN SIE IHRE ANTWORT.

WENN ES AUF DIESER SEITE KEINE AUFGABE GAB,
BLÄTTERN SIE VOR ZUR NÄCHSTEN ERLEDIGTEN AUFGABE.

WAS EMPFINDEN SIE, WENN SIE
IHRE ANTWORT ANSCHAUEN?

WIE, GLAUBEN SIE, HABEN SIE SICH GEFÜHLT,
ALS SIE DIE ANTWORT AUFSCHRIEBEN?

KÖNNEN SIE AUS IHRER ANTWORT
ETWAS LERNEN?

GEHEN SIE IN EINEN FILM, DEN SIE SICH NORMALERWEISE NICHT ANSEHEN WÜRDEN

WAS HABEN SIE GESEHEN?

WAS HABEN SIE GEGESSEN?

WIE WAR ES?

WAS WAR DIE KERNBOTSCHAFT ODER MORAL DES FILMS?

WELCHE ANGELEGENHEIT LÄSST IHNEN EINFACH KEINE RUHE?

DIE SACHE, DIE SIE ENDLICH UND FÜR IMMER LOSWERDEN WOLLEN.

SCHREIBEN SIE SIE AUF EINE KARTE.

KAUFEN SIE EINEN HELIUMGEFÜLLTEN BALLON.

BEFESTIGEN SIE DIE KARTE MIT EINER SCHNUR AM BALLON.

LASSEN SIE LOS.

ICH DENKE IMMER,
ICH BIN NICHT
GUT GENUG

# EIN LETZTES MAL. WERDEN DIE DINGE BESSER?

WIE FÜHLEN SIE SICH?

WELCHE DREI DINGE MÖGEN SIE SEHR?

WELCHE FARBE HAT IHRE STIMMUNG?

WIE IST DAS WETTER?

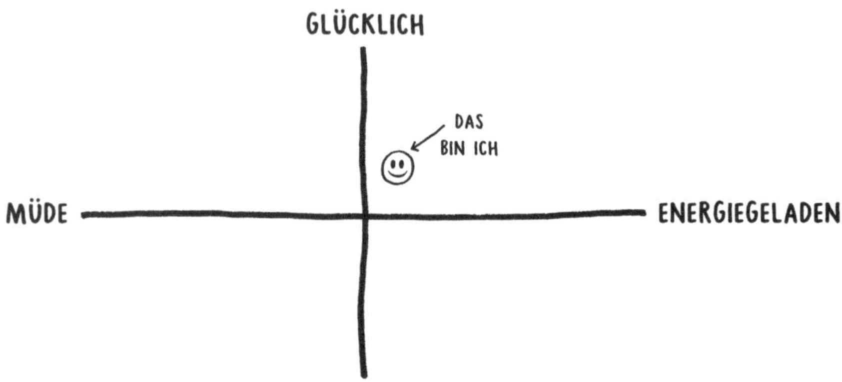


WO BEFINDEN SIE SICH IN DIESEM KOORDINATENSYSTEM?

WOHIN WOLLEN SIE?

WIE IST
IHR LEBEN GERADE?

WAS IST IHNEN
AM WICHTIGSTEN?

WIE VOLL IST
IHR KOPF?

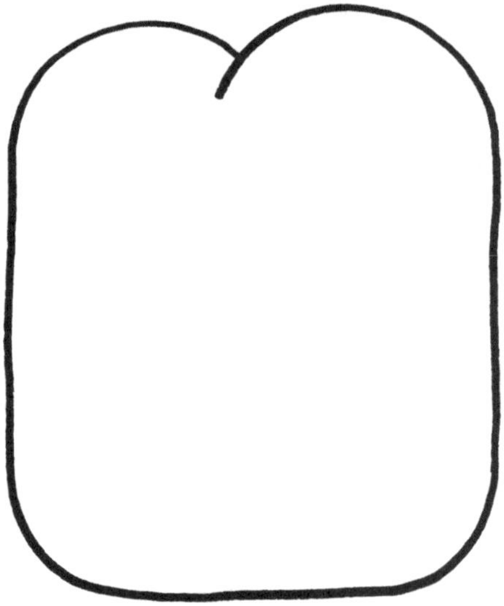

WIE VOLL IST
IHR HERZ?

WANN WAREN SIE DAS LETZTE MAL GLÜCKLICH?

WELCHE BEREICHE VERBESSERN SICH, WELCHE VERSCHLECHTERN SICH? VERGESSEN SIE NICHT, AUCH SPASS ZU HABEN.

| | |
|---|---|
| GESAMTVERFASSUNG: | 1 2 3 4 5 6 7 8 9 10 |
| FAMILIE: | 1 2 3 4 5 6 7 8 9 10 |
| FREUNDE: | 1 2 3 4 5 6 7 8 9 10 |
| SOZIALLEBEN: | 1 2 3 4 5 6 7 8 9 10 |
| BEZIEHUNG: | 1 2 3 4 5 6 7 8 9 10 |
| FREIZEITVERGNÜGUNGEN: | 1 2 3 4 5 6 7 8 9 10 |
| ARBEIT: | 1 2 3 4 5 6 7 8 9 10 |
| GELD: | 1 2 3 4 5 6 7 8 9 10 |
| GESUNDE ERNÄHRUNG: | 1 2 3 4 5 6 7 8 9 10 |
| WASSER TRINKEN: | 1 2 3 4 5 6 7 8 9 10 |
| RAUSGEHEN: | 1 2 3 4 5 6 7 8 9 10 |
| SPORT: | 1 2 3 4 5 6 7 8 9 10 |
| GESUNDHEIT: | 1 2 3 4 5 6 7 8 9 10 |
| KREATIVITÄT: | 1 2 3 4 5 6 7 8 9 10 |
| LEBENSZWECK: | 1 2 3 4 5 6 7 8 9 10 |
| DIE VERGANGENHEIT: | 1 2 3 4 5 6 7 8 9 10 |
| DIE GEGENWART: | 1 2 3 4 5 6 7 8 9 10 |
| DIE ZUKUNFT: | 1 2 3 4 5 6 7 8 9 10 |

## ES IST O.K., SICH HILFE ZU HOLEN

Viele Einrichtungen bieten Hilfe in Krisensituationen an, zum Beispiel die psychologischen und psychosozialen Beratungsstellen oder die sozialpsychiatrischen Dienste Ihrer Stadt.

Auf folgender Webseite etwa finden Sie nach Postleitzahlen geordnet Adressen von Krisendiensten:

www.deutsche-depressionshilfe.de/stiftung/erste-hilfe.php

# WAS NUN?

Das Problem bei Lebenshilfebüchern ist: Wenn man zum Schluss kommt, fühlt es sich auch wie ein Schluss an. Sie wissen jetzt vielleicht, was zu tun wäre, aber eigentlich fühlen Sie sich immer noch genauso wie zuvor. Dieses Buch soll Ihnen dabei helfen, herauszufinden oder sich daran zu erinnern, was Sie glücklicher macht. Es ging nicht darum, Ihnen zu sagen, was ich glaube, was Sie glücklicher machen könnte. Ich habe nämlich keine Ahnung. Bitte betrachten Sie dieses Buch nicht als Ende, sondern als Anfang – wenn Sie das wollen. Auch wenn das jetzt abgedroschen und nach Lebenshilfe klingt.

Es wird nach wie vor Zeiten geben, in denen Sie traurig sind. Das Leben ist nicht vorhersehbar, und manchmal ist es einfach besch… Das hier schreibe ich, nachdem ich noch vor zwei Tagen stundenlang hemmungslos geheult habe, obwohl alles eigentlich richtig gut lief. Das zeigt, wie wichtig Bewegung und Anstrengung sind. Ich hatte nicht aufgepasst und die Dinge, die mir guttun, schleifen lassen. Weil es mir so viel besserging, wurde ich bequem und dachte, ich müsste mir keine Mühe mehr geben. Offensichtlich muss ich mich weiterhin anstrengen – und Sie sollten das auch.

Der Unterschied ist, dass ich mich heute besser gewappnet fühle, mit den dunklen Zeiten klarzukommen. Ich habe eine Liste von Dingen, von denen ich weiß, dass sie mir helfen. Und sobald ich sie ausprobiere, geht's mir besser. Ich hoffe, dass Sie für sich eine ähnliche Liste zusammenstellen konnten und dass Sie sich jeden Tag an sie erinnern. Glücklich zu sein ist nicht so einfach, aber Sie wissen immerhin, dass es möglich ist, weniger traurig zu sein.

SCHREIBEN SIE IHRE »WENIGER TRAURIG«-LISTE
AUF DIESE SEITE

VERGESSEN SIE SIE NIE

## EMPFEHLENSWERTE LEKTÜRE

NAIV. SUPER. – ERLEND LOE

MEDITATION IM ALLTAG – MARK WILLIAMS UND DANNY PENMAN

WORAUF WARTEST DU NOCH? – ROBERT KELSEY

EINE ECHT VERRÜCKTE STORY – NED VIZZINI

MORGEN IST LEIDER AUCH NOCH EIN TAG – TOBI KATZE

ICH BITTE SIE
WAHRZUNEHMEN,
GLÜCKLICH SIND,
ZU RUFEN,
ODER ZU DENKEN:
NICHT SCHÖN IST,
ICH NICHT,

INSTÄNDIG, BEWUSST
WENN SIE
UND DANN
ZU RAUNEN
»WENN DAS JETZT
DANN WEISS
WAS SCHÖN IST.«

KURT VONNEGUT,
MANN OHNE LAND

# DANKE

An meine Familie und Freunde. Es scheint ein bisschen albern, wenn ich ihnen in jedem Buch danke. Aber während des Schreibens werde ich immer daran erinnert, wie wichtig sie sind und wo ich ohne sie wohl wäre.

An meine Lektorin Marian Lizzi und das Team bei Perigee, die nach wie vor an meine Ideen glauben und sie sogar veröffentlichen.

An Oliver Burkeman für seinen Beitrag zu diesem Buch und dafür, dass er selbst eins geschrieben hat, das nicht versprochen hat, mein Leben zu verändern, es aber in gewisser Weise tat.

An alle, die sich für dieses Buch stark gemacht haben. Ihre Arbeit und Ihre Worte haben mir mehr geholfen, als Ihnen bewusst ist.

Und an all diejenigen, die je etwas Wahres oder Ehrliches getan, gesagt oder gesungen haben. Sie wissen es vielleicht nicht, aber Sie sorgen dafür, dass andere Leute am Ball bleiben.

## ÜBER DEN AUTOR

Lee Crutchley ist ein junger Autor und Illustrator und lebt in einer kleinen Stadt in England. Er schreibt dies in der dritten Person, was ihm merkwürdig vorkommt, und fragt sich, ob er den Ton eher ehrfurchtgebietend oder witzig und liebenswert halten sollte. Beides lässt er lieber bleiben.

Er ist kein Arzt und hat keine Qualifikationen auf dem Gebiet von psychischen Krankheiten, abgesehen davon, dass er manchmal sehr traurig wird. Er ist der Ansicht, dass Sie professionelle Hilfe und Rat in Anspruch nehmen sollten, wenn Sie das Gefühl haben, dass Sie welche brauchen, und wahrscheinlich auch, wenn Sie nicht das Gefühl haben.

Foto © Jayne Yong

DENKEN SIE IMMER DARAN:

1. ES IST IN ORDNUNG,
GLÜCKLICH ZU SEIN.

2. ES IST IN ORDNUNG,
TRAURIG ZU SEIN.